RÉCENTES PUBLICATIONS

DE

Mgr L'ÉVÊQUE D'AUTUN

A. de Lamartine, discours prononcé à Mâcon, le 21 octobre 1890.

Jeanne d'Arc, message de Dieu, discours prononcé à Orléans, le 8 mai 1887.

Trois Discours sur sainte Thérèse.

Savoir attendre, ou la Patience chrétienne (Carême 1888).

Le Bienheureux J.-B. de la Salle, trois discours prononcés dans la cathédrale d'Autun.

Le Mystère de la Croix (Carême 1889).

L'Église et la Liberté, discours prononcé dans la cathédrale de Clermont, le 19 mai 1889.

Instruction pastorale sur le Jubilé et le second Centenaire de la bienheureuse Marguerite-Marie.

La Sanctification du Dimanche (Carême 1891).

ŒUVRES PASTORALES ET ORATOIRES

De Mgr PERRAUD, évêque d'Autun, membre de l'Académie française.

Les quatre premiers volumes sont en vente.

L'ŒUVRE

DES

PRIÈRES ET DES TOMBES

POUR LES SOLDATS ET LES MARINS

MORTS AU SERVICE DE LA FRANCE

———❖———

> *Fas est et decet meminisse fratrum.*
> (I Mach. XII., 2.)

Je crois ne pas trop m'écarter du sens de ces paroles empruntées au premier livre des Machabées si je les traduis ainsi : les convenances du patriotisme : *decet;* la loi plus haute de notre foi chrétienne : *fas est,* nous font une obligation de nous souvenir de ceux de nos frères qui sont morts en combattant pour la France.

L'œuvre que je viens recommander aujourd'hui à vos sympathies et à vos aumônes a été fondée dans le double but d'honorer la sépulture de ces victimes de la guerre et de leur assurer des prières qui, unies à l'immolation de Jésus-Christ dans le saint sacrifice de la messe, les introduisent plus vite dans le repos et le bonheur éternels.

Rien n'est simple et touchant comme l'origine de cette œuvre. Il y a vingt ans, un de nos soldats, prisonnier en Allemagne, voyait venir à lui la mort, la grande libératrice. Après avoir sollicité et reçu les sacrements, il dit au prêtre qui l'assistait et qui, seul, représentait, auprès de lui, la patrie et la famille absentes : « Mon père, je n'ai plus que ces cinquante centimes, prenez-les afin qu'il y ait une croix sur ma tombe et que des prières soient faites pour mon âme. »

Ce testament, dicté par une foi profonde, a reçu son exécution. Tombé dans le cœur d'un apôtre, de ce digne P. Joseph qui, à l'époque de nos désastres et de nos deuils, fut l'ange consolateur de tant de milliers de captifs, la recommandation du soldat mourant a porté ses fruits pour lui et pour ses compagnons d'infortune. Déjà plus de deux cents monuments funèbres ont pu être élevés, et des prières sont assurées à ces morts par la fondation de cent vingt anniversaires de messes. Dieu a béni visiblement la pièce de dix sous du pauvre prisonnier et le zèle du prêtre qui fut le confident et l'exécuteur de son vœu suprême.

A nous maintenant, mes Frères, de recueillir ce germe déjà fécond et de le développer; à nous de payer plus amplement la dette de la reconnaissance nationale envers ceux qui ont répandu leur sang pour la patrie.

« Sur la tombe du juste, disait le vieux Tobie à son fils, tu mettras de ton pain et de ton vin : *Panem tuum et vinum tuum super sepulturam justi constitue* [1]. » Il me semble entendre l'Église nous adresser le même langage et nous dire que, lorsqu'il s'agit d'honorer et, à plus forte raison, de soulager les morts, nous devrions avoir la générosité de prendre non seulement sur notre superflu, mais, s'il le fallait, sur notre nécessaire, et jusque sur notre pain et notre vin. Elle-même donne à cette parole de la sainte Écriture son sens le plus élevé, le plus beau, le plus surnaturel, par l'application qu'elle ne cesse de faire du sacrifice eucharistique aux âmes des fidèles trépassés, afin de leur procurer, comme elle le dit, dans sa liturgie, « le rafraîchissement, la lumière et la paix. »

1. Tob. iv, 18.

Je vous propose, mes chers Frères, de méditer ce soir avec moi sur les devoirs que nous imposent le patriotisme et la religion à l'égard de ceux qui sont morts au service de la France.

Daigne le Bon Pasteur, auquel est consacré ce second dimanche après Pâques, faire de ma parole une messagère de sa vérité et de sa charité ! Je le lui demande par l'intercession de la créature bénie, sa mère et la nôtre, que, depuis quelque temps, la sainte Eglise nous permet d'invoquer sous le titre de Notre-Dame des Armées, afin d'encourager les familles chrétiennes à lui confier leurs sollicitudes envers tous ceux des leurs qui sont appelés à payer l'impôt du sang.

I

Deux lois organiques, si je puis ainsi parler, président à la constitution et au développement de l'humanité à travers les siècles. Elles sont résumées toutes les deux dans le discours prononcé par saint Paul à l'aréopage, en présence de l'élite intellectuelle d'Athènes et de la Grèce.

Par la première de ces lois, Dieu a fait sortir d'un seul homme l'humanité entière, qui s'est ensuite répandue sur la face du globe. [1]

« Le désir de nous porter tous à l'unité, dit Bossuet, est la cause de cet ordre suprême de Dieu, et les effets en sont admirables. » [2]

En vertu de cette loi, l'humanité, malgré son immensité numérique, ne forme qu'une seule et même famille. Les millions d'hommes qui couvrent la terre ne sont pas seulement nos semblables, ils sont nos frères. Nous avons un Père commun d'où nous descendons tous et au-dessus duquel il n'y a que Dieu seul : *Qui fuit Adam, qui fuit Dei.* [3]

A cette première loi s'en ajoute une autre. Quand les hommes eurent commencé à se multiplier, Dieu, se servant de l'ethnographie et de la géographie, dessina parmi eux des groupes de peuples qui eurent chacun sa constitution et sa physionomie distinctes : *Definiens tempora et terminos habitationis eorum.* [4]

---

1. Fecit ex uno omne genus hominum habitare super universam faciem terræ. (Act. Apost. xvii. 26.)

2. Bossuet, *Élévations sur les mystères,* 6ᵉ *semaine,* Iʳᵉ *Élévation.*

3. Luc, iii, 38.

4. Act. Apost. xvii. 26. Deuter. xxxii.

Issues du même gouvernement providentiel qui préside aux destinées du monde, ces deux lois doivent être maintenues à l'égal l'une de l'autre. Il n'est pas permis de nier l'universelle fraternité des hommes entre eux, au nom des intérêts, des convenances ou de l'égoïsme des peuples. Il n'est pas permis davantage de sacrifier l'idée de patrie aux utopies d'un syncrétisme humanitaire qui ne laisserait plus rien subsister de la vie propre de chaque nation et ferait disparaître l'admirable variété qui est une des beautés de ce monde.

« L'obligation de s'entr'aimer, dit saint Au» gustin, est égale entre tous les hommes et
» pour tous les hommes. Mais, comme on ne
» peut pas les servir tous également, il faut
» s'attacher principalement à servir ceux avec
» qui les temps, les lieux et d'autres circons» tances semblables nous créent des rapports
» plus particuliers. » [1]

L'obscurcissement de la vérité religieuse chez les païens n'avait pas complètement supprimé

1. Omnes æque diligendi sunt; sed cùm omnibus prodesse non possis, his potissimum consulendum est qui pro locorum et temporum vel quarumlibet rerum opportunitate constrictius tibi..... junguntur (S. Aug. *De doctrina christiana* l. I, ch. 18.)

la connaissance de ces lois primordiales et fondamentales. Bien que, trop souvent, chez les anciens, il n'y eût qu'un seul et même mot pour désigner l'étranger et l'ennemi : *hostis,* Térence pouvait faire applaudir par Rome ce vers classique dans lequel un de ses personnages déclare qu'en sa qualité d'homme, rien de ce qui est humain ne saurait lui être étranger :

Homo sum : humani nihil a me alienum puto. [1]

Quant à l'amour de la patrie, les anciens s'en faisaient une très haute idée. On n'aurait que l'embarras du choix, si l'on voulait produire quelques-uns des nombreux exemples donnés par leurs historiens, depuis Léonidas et ses trois cents Spartiates mourant aux Thermopyles, pour interdire l'entrée d'un territoire libre à une armée d'esclaves conduite par un tyran, jusqu'à notre glorieux Vercingétorix, luttant avec nos aïeux pour l'indépendance de la Gaule jusqu'à ce que, trahi par la fortune des armes, il tombe aux mains de César.

1. Térence, *Heautontim.*, act. I, sc. i.

Avec quel enthousiasme, en quels accents émus, Virgile salue cette terre d'Italie dont il est si fier d'être et de se dire le fils! Il semble qu'il n'aborde les souvenirs et les traditions de la terre natale, les exploits guerriers des ancêtres, les chefs-d'œuvre qu'ils ont produits dans les lettres et dans les arts, qu'avec un sentiment de vénération, et comme on approche d'un sanctuaire[1]; et, de même que l'on qualifie très justement de « piété filiale » l'affection et la reconnaissance des enfants envers leurs parents, c'est une expression consacrée par la tradition universelle du genre humain de dire : le culte de la Patrie.

D'après saint Thomas d'Aquin, le droit divin ne supprime pas le droit humain. Au contraire, il le garde, il l'élève, il le consacre : *Per jus divinum non tollitur jus humanum*[2].

Le christianisme s'est donc bien gardé d'effacer les devoirs envers la patrie de la morale surnaturelle qui doit régir les hommes régénérés par le baptême.

---

1. Salve magna parens frugum, Saturnia tellus.
   Magna virùm, tibi res antiquæ laudis et artes
   Ingredior, sanctos ausus recludere fontes.

   (Georg. L. II, v. 173.)

2. S. Th. 2a 2æ q. XII, a 2.

Sans doute, l'universalité de la religion promulguée par l'Évangile n'a plus rien de local et de territorial comme la loi de Moïse. Devant les bienfaits de la Rédemption, il faut dire avec saint Paul qu'il n'y a plus ni Grec, ni Gentil, ni Scythe, ni Barbare [1]. Toutes les barrières de séparation tombent ou s'inclinent devant une vérité et une charité qui doivent être les mêmes pour les hommes de tous les temps et de tous les pays. Néanmoins, je le répète, le christianisme n'a pas demandé aux peuples de sacrifier à l'unité de la foi si bien représentée par la catholicité de l'Église, ni leur autonomie, ni leur personnalité, ni leurs traditions. Notre-Seigneur Jésus-Christ, venu pour prêcher une doctrine universelle et mort sur la croix pour racheter, sans acception de races ou de castes, tous les enfants d'Adam, n'a pas laissé, comme le dit Bossuet, d'avoir en tant qu'homme, un sentiment et un regard particulier pour sa patrie [2]. C'est à elle, avant tous les peuples du monde, qu'il a voulu offrir les prémices de la bonne nouvelle et dans la mission confiée à ses apôtres, il leur a expressément recommandé

1. Coloss. III, 11.
2. Bossuet, *Politique tirée de l'Écriture sainte*, l. I, art. 6.

de s'occuper d'abord « des brebis d'Israël. »[1]
Quand il a pleuré sur Jérusalem, ce n'est pas
seulement parce qu'elle représentait pour lui
l'âme ingrate, pécheresse, endurcie, c'est encore parce qu'elle était la ville fondée par ses
ancêtres David et par Salomon, et la capitale
du pays où il avait plu à son Père de placer
son berceau et sa tombe.

Les devoirs envers la patrie trouvent donc
en Jésus-Christ, comme toutes les autres obli-
gations de la vie morale, leur maître et leur
modèle. Si nous devons aimer tous les hommes d'un amour général à cause des liens qui
nous rattachent avec eux à la même origine et
à la même rédemption, nous sommes tenus à
une affection plus directe, plus intime, plus
dévouée à l'égard de ceux qui parlent la même
langue que nous, qui ont hérité des mêmes
souvenirs, et sont dépositaires des mêmes es-
pérances.

Sur ce point, l'Église nous donne non seulement des préceptes, mais des exemples ; elle
met sous nos yeux, pour parler le langage
contemporain, ces « leçons de choses » aux-

---

1. Ite potius ad oves quæ perierunt domus Israël
(Matth. x, 6.)

quelles, de nos jours, on donne une si grande place dans l'éducation de la jeunesse.

Voyez, en effet, ce que font les souverains Pontifes, chefs visibles de l'Église universelle ; et, pour ne point évoquer de lointains souvenirs, rappelez-vous ce que sans doute, bien des fois depuis treize ans, vous avez lu ou entendu. Lorsque le Vicaire de Jésus-Christ s'est adressé à l'humanité tout entière, au nom de son apostolat œcuménique, dans ces encycliques qui vont porter les enseignements de la foi à tous les enfants de l'Église, sans distinction de races, il n'oublie pas qu'ils appartiennent à des patries différentes. Il écrit alors des épîtres nationales, qu'il adresse tour à tour aux évêques du Brésil, aux évêques d'Espagne, aux évêques de Bavière, aux évêques de Belgique, aux évêques d'Irlande, aux évêques de France, et quand il parle à ceux-ci, il me sera bien permis de le dire avec une fierté légitime, il nous appelle dès ses premiers mots, la très noble nation des Francs : *nobilissima gens Francorum.* [1]

J'ajoute que dans son respect profond pour les droits des nationalités, l'Église garde avec

1. Encyclique de S. S. le pape Léon XIII en date du 8 février 1884.

une pieuse fidélité le souvenir de peuples que
les vicissitudes des révolutions, les ruses ou
les violences de la politique ont momentané-
ment dépouillés de leur indépendance et que
les guerres ou les traités semblent avoir pour
jamais effacé de la carte du monde. Dans un
des transepts de Saint-Pierre de Rome se voient
les tribunaux de la pénitence destinés aux diverses nations catholiques. Qui donc a pu, sans
une émotion profonde, lire au-dessus d'un de
ces confessionnaux ces deux mots : *Gens Po-
lonica*, qui sont comme une muette, mais élo-
quente protestation contre les attentats dont
la Pologne a été la victime? Ses vainqueurs
l'ont dépecée, partagée, et se vantent de l'avoir
anéantie ; l'Église la traite à l'égal des nations
les plus libres et les plus florissantes : elle
semble lui défendre par là d'oublier son glorieux passé et lui commander d'espérer contre
l'espérance. [1]

N'est-ce pas dire bien haut à tous les catholiques qu'ils sont tenus de connaître, d'aimer,
de servir le pays où la volonté de la Provi-
dence les a fait naître, et que, eux aussi, à
l'exemple de Jésus-Christ, doivent avoir pour
leur patrie « un regard particulier? »

1. Contra spem in spem (Rom. iv, 18).

Par conséquent, rien de ce qui concerne notre pays, son histoire, ses grandeurs, ses épreuves, non, rien de tout cela ne doit nous être indifférent et nous devons prendre à ces manifestations. passées ou présentes de la vie nationale l'intérêt le plus vif.

Dans tous les temps et chez tous les peuples, sans exclusion des diverses formes de dévouement, que représentent, pour leur grande part, le prêtre, le magistrat, l'administrateur, le commerçant, l'ouvrier, l'agriculteur, serviteurs non seulement utiles mais indispensables de la cause publique, les hommes aux vaillantes mains desquelles le pays remet son drapeau afin de le faire respecter et de le défendre, personnifient d'une manière plus concrète, plus visible, plus populaire, les idées et les sentiments qui constituent et alimentent le patriotisme.

Vous voyez défiler un régiment, ou sortir du port un navire qui vient d'arborer les couleurs nationales; vous ne connaissez aucun de ces hommes qui marchent ou manœuvrent sous vos yeux, mais vous sentez que c'est la France qui passe devant vous et vous la saluez avec émotion !

De plus, à l'heure où je parle, au milieu de tant de dissensions politiques et sociales, lorsque la plupart des autres institutions sont battues en brèche, soit par l'irréligion systématique, soit par les utopies révolutionnaires qui veulent faire table rase du passé, c'est le privilège de l'armée qu'elle est la vivante représentation de l'unité nationale dont elle impose le respect à tous. Devant elle, ne fût-ce que pour quelques instants, on oublie qu'on appartient à tel ou tel parti ; on ne se souvient plus que d'une chose, à savoir qu'on est Français, mais Français sans épithète ; on comprend mieux le tort immense fait à la cause sacrée de l'unité du pays par les incorrigibles sectaires qui ne se lassent pas de semer parmi nous la zizanie de la discorde et infligent à notre France bien-aimée les douleurs de Rébecca, quand elle sentait s'entre-choquer dans son sein deux frères jumeaux [1].

Enfin, sans rappeler ici les gloires militaires du passé, ni non plus l'admirable constance avec laquelle nos soldats et nos marins ont supporté les plus terribles désastres, quel noble et salutaire exemple ne nous ont-ils pas donné depuis vingt ans ?

Après un effondrement sans précédent dans l'histoire, notre armée s'est refaite ; elle s'est

1. Genèse, xxv, 22.

reconstituée par l'effort, par le travail, par la discipline; elle s'est concentrée dans son devoir professionnel; elle a su résister aux influences déloyales et malsaines qui auraient voulu faire d'elle l'instrument de passions misérables et de viles ambitions; elle est demeurée la France en armes pour l'honneur et pour la sécurité de tous!

A tous ces titres, nos soldats et nos marins méritent bien que nous nous souvenions d'eux et de tout ce qu'ils ont fait et souffert pour servir la France : *Decet meminisse fratrum.*

Il ne faut pas que, soit au-delà du Rhin, soit sur les rivages éloignés du Tonkin ou de la Cochinchine, il puisse être dit que les Français ne tiennent aucun compte des liens sacrés du patriotisme, qu'ils sont sans affection et sans miséricorde : *Sine affectione, absque fœdere, sine misericordia.* [1]

Mais ceux dont je parle étaient chrétiens et nous le sommes : il faut donc nous souvenir d'eux chrétiennement. Il ne suffit pas de pourvoir à la décence de leur sépulture; il faut penser à leurs âmes, nous occuper de leurs âmes, prier pour leurs âmes : *Fas est et decet meminisse fratrum.*

1. Rom. i, 31.

II

Les morts peuvent donc avoir besoin de nous, et nous, de notre côté, nous pouvons donc leur être utiles?

Réduite à ses seules ressources, la raison naturelle demeure muette en présence de ces deux questions, qui reçoivent de notre foi chrétienne et catholique les solutions les plus précises.

En effet, elle consacre d'abord de son autorité souveraine tout ce que la raison est capable de nous apprendre sur la spiritualité de l'âme et son immortalité aussi bien que sur la nécessité d'une sanction ultérieure de la loi morale.

Mais la foi va plus loin encore. Elle nous apprend de la façon la plus précise en quoi consiste cette sanction. Si je l'osais, je dirais que non seulement elle nous fait connaître la justice de Dieu, mais qu'elle nous initie aux secrets de sa jurisprudence.

Ce n'est pas, bien entendu, qu'elle mette en oubli l'adorable attribut de la miséricorde. Elle sait très bien, et elle ne se lasse pas de rappeler avec nos saintes Écritures, que « la miséricorde surpasse la justice »[1]. En effet, c'est la miséricorde qui a motivé, sinon l'Incarnation du Verbe après la chute, du moins l'immolation sanglante du Rédempteur ; c'est elle qui intervient à chaque instant dans les relations à l'aide desquelles Dieu daigne encourager l'homme à le connaître, à l'aimer, à le servir ; enfin c'est la miséricorde qui couronnera ses propres dons dans les mérites des élus, en leur décernant la récompense éternelle.

Mais, si la miséricorde surpasse la justice, elle ne la supprime pas, car la suppression de la justice équivaudrait à la ruine de tout l'ordre moral. Ici, mes chers Frères, les apôtres de la parole révélée pourraient se plaindre avec raison de voir quelques-unes des vérités essentielles de la révélation évangélique amoindries, atténuées, diminuées par la courte sagesse des hommes : *Diminutæ sunt veritates a filiis hominum*[2]. Depuis un quart de siècle, il se fait

1. Jac. ii, 3.
2. Ps. xi, 2.

au milieu de nous une redoutable infiltration d'idées naturalistes qui entame l'intégrité des principes du christianisme sur la portée et les exigences de la justice divine. On attribue à Dieu je ne sais quelle indulgence insouciante qui, appliquée indifféremment à tous, finit par supprimer logiquement la différence essentielle et irréductible entre le bien et le mal. On nous accuse volontiers d'être les tenants d'un autre âge et des hommes complètement étrangers aux idées de notre temps, si nous osons rappeler à nos auditeurs qu'après la mort, il y a un jugement [1] dont la sanction sera définitive et irrévocable : *Ibunt hi in supplicium æternum; justi autem in vitam æternam* [2]; ou lorsque nous ajoutons avec l'Église, légitime interprète de la parole révélée, que ce jugement redoutable aux justes eux-mêmes, ne leur ouvrira l'accès de la béatitude éternelle que lorsqu'ils auront entièrement expié les fautes et les fragilités de la vie présente.

Si nous étions persuadés à fond de ces importantes vérités, mes chers Frères, nous

1. Hebr. ix, 27.
2. Matth. xxv, 46.

n'agirions pas comme nous le faisons si souvent à l'égard de ceux des nôtres qui ont déjà quitté cette terre. Au lieu d'employer des sommes considérables à des funérailles dont la fastueuse ostentation ne satisfait que notre orgueil et ne procure aucun soulagement à ces pauvres âmes, nous mettrions un pieux et charitable empressement à multiplier en leur faveur les prières et les bonnes œuvres. Nous répandrions à leur intention ces aumônes que l'Écriture nous dit être si efficaces pour éteindre les flammes allumées par le péché et en effacer les derniers vestiges [1]. Nous aurions soin de leur appliquer, par l'auguste sacrifice de la messe, ce sang rédempteur de Jésus-Christ qui, répandu sur l'autel comme sur la croix du Calvaire, apaise les rigueurs de la justice souveraine, atténue ces souffrances des trépassés et abrège le temps de leur pénitence. [2]

Pensons à nos morts, mes chers Frères, prions pour eux et ne demeurons pas indifférents aux cris de détresse qui nous arrivent des régions mystérieuses où la très équitable justice

---

1. Ecclésiastique, iii, 33. Tobie, iv, ii, xii, 9.
2. Concile de Trente. Session XXV.

de Dieu les détient jusqu'à une purification complète. [1]

Par une relation bien touchante avec le sujet qui nous occupe ce soir, c'est précisément à l'occasion de soldats tombés sur le champ de bataille que se trouve, dans nos Écritures, la mention explicite des deux vérités de foi dont se compose le dogme du Purgatoire : à savoir, de l'expiation imposée après cette vie aux âmes qui ne seront pas trouvées assez pures pour être immédiatement admises à jouir de la vue de Dieu; puis, de l'efficacité des prières destinées à soulager les morts. Judas Machabée venait de livrer bataille à l'armée de Gorgias; un certain nombre des siens avaient péri; aussitôt après le combat, il recueillit parmi ses troupes une collecte de 12,000 drachmes qui fut envoyée à Jérusalem afin que l'on pût offrir dans le Temple des sacrifices pour les âmes des défunts. [2]

1. Voir le Sermon de Bourdaloue pour le jour de la Commémoraison des Morts.

2. II. Mach. xii, 43-46. Les légendes du paganisme rendaient hommage à cette croyance traditionnelle du genre humain. Dans le voyage où, sous la conduite de la Sibylle, Énée visite la demeure des morts, il entend son père Anchise lui révéler comment certaines âmes seront soumises à une purification expiatrice avant

Puisse ma voix répéter en ce jour, comme un écho vibrant, l'appel que nous adressent nos frères tombés au service de la France sous les balles de l'ennemi, ou qui ont succombé aux étreintes non moins meurtrières de la maladie dans les ambulances, dans les hôpitaux, à bord de nos navires! Il me semble les entendre nous dire, avec les compagnons d'armes du vaillant Machabée : souvenez-vous des combats dans lesquels nous avons été engagés et des angoisses que nous avons subies : *Vos scitis quanta prælia fecimus, quales vidimus angustias.* [1]

d'aller jouir de la suprême béatitude. Ces vers étonnants du sixième livre de l'*Énéide* contiennent presque de mot à mot la formule théologique du dogme du Purgatoire :

Quin et supremo quum lumine vita reliquit,
Non tamen omne malum miseris, nec funditus omnes
Corporeæ excedunt pestes; penitusque necesse est
Multa diu concreta modis inolescere miris.
Ergo exercentur pœnis, veterumque malorum
Supplicia expendunt. . . . .
Donec longa dies, perfecto temporis orbe,
Concretam exemit labem purumque reliquit
Ætherium sensum. . . . . .

(Virg. En. l. VI, v. 735-742.)

1. I Mach. XIII, 3.

Les combats qu'ils ont livrés ! Se pourrait-il qu'un Français en eût perdu la mémoire et prît froidement son parti de tout ce que nous ont coûté nos récentes guerres? Quant aux souffrances, aux privations, aux fatigues, aux angoisses de nos blessés et de nos prisonniers, comment essayer de les décrire et quelles paroles pourraient les égaler?

Je vois parmi vous ici plusieurs prêtres qui furent, comme moi, mêlés de très près aux épreuves des cruelles années 1870 et 1871. [1]

Témoins, confidents, consolateurs de ceux des nôtres qui combattaient et mouraient pour la France, nous pourrions dire quels sacrifices leur furent imposés et de quel prix ils payèrent l'accomplissement de leurs devoirs envers la patrie. Mais comment exprimer la douleur causée à nos soldats par la désolante conviction que, leurs efforts, leur patience, leur courage, l'effusion de leur sang, n'avaient pu épargner à leur France tant aimée ni les

---

1. M. l'abbé Brisset, curé de Saint-Augustin, aumônier dans l'armée de Metz ; les RR. PP. Nouvelle et Lescœur, de l'Oratoire, aumôniers des ambulances internationales dans les campagnes des Ardennes et de la Loire ; M. l'abbé Charles Perraud, aumônier d'un régiment de marche pendant le siège de Paris.

maux de l'invasion, ni l'humiliation de la défaite, ni la cruelle mutilation du territoire : *Quales angustias vidimus !*

Au nom de ces angoisses contre lesquelles pouvaient seules les défendre leur foi, la bénédiction du prêtre et la vue du crucifix, ces chrétiens morts pour le pays vous conjurent de ne pas leur refuser l'aumône de la prière et d'avoir compassion d'eux : *Miseremini mei, miseremini mei, vos saltem, amici mei !* [1]

Je le sais : ceux dont je plaide la cause devant vous, peuvent compter sur une application particulière de l'infinie miséricorde. Je n'ai garde d'oublier les paroles prononcées à leur sujet par un de nos grands évêques, et si propres à consoler tant de veuves, de mères, de sœurs et d'orphelins.

« Une très grande indulgence, a dit Mgr Pie, évêque de Poitiers, est acquise aux fautes privées de ceux qui trouvent la mort dans l'accomplissement d'un devoir public. Le Seigneur Dieu des armées tient en réserve pour les combattants des grâces de choix, des pardons à part, des repentirs soudains, des mou-

1. Job. xix, 21.

vements instantanés de foi et d'amour qui assurent l'éternel salut. » [1]

L'exemple même que je citais tout à l'heure des soldats de Judas Machabée justifie cette confiance. Ils avaient été convaincus d'avoir transgressé une des prescriptions de la loi de Moïse avant d'aller combattre l'ennemi [2]. Toutefois, à cause de leur dévouement, de leur générosité, de leur courage, de l'immolation qu'ils avaient faite de leur vie à leur devoir patriotique, leur chef n'hésitait pas à provoquer pour eux des prières qu'il estimait pouvoir leur être utiles et sur lesquelles il fondait l'espérance de leur bonheur éternel.

Mais si, dans sa bonté, — j'ose presque dire dans sa justice, — Dieu se plaît à traiter d'une façon plus miséricordieuse ceux qui se sacrifient à l'intérêt général, est-ce une raison pour que l'expiation à laquelle ils sont peut-être soumis nous laisse insensibles et pour que nous demeurions sourds aux supplications qu'ils nous adressent au nom de leur foi et au nom de la nôtre?

---

1. Au service anniversaire célébré au mois de décembre 1871 pour les combattants de Loigny. (*Œuvres*, t. VII, p. 333 et 334).

2. II. Mach. xii, 40.

Je dis « au nom de leur foi » et j'ai de très belles et hautes raisons pour m'exprimer ainsi. Il y a trente-six ans, peu de temps après le siège et la prise de Sébastopol, un officier général, devenu depuis maréchal de France, rendait ce témoignage aux troupes au milieu desquelles il avait combattu : « Je ne crois pas qu'on ait jamais vu une armée aussi dominée par le sentiment du devoir et lorsqu'on creusait au fond de ce sentiment, on trouvait le christianisme. » [1]

Dieu merci, nos soldats en ont fini avec la légende traditionnelle du soudard nécessairement libertin et irréligieux, ne trouvant dans son métier qu'une occasion de se livrer à des violences brutales ou à d'ignobles orgies. Les plus beaux exemples de foi et de vertu chrétienne sont partis de l'armée et de la marine françaises pour s'imposer au respect et à l'admiration de la nation tout entière. On a pu voir comment un Lamoricière, un de Sonis, un Courbet, un du Petit-Thouars, un Berthe de Villers et tant d'autres dont je serais heureux de pouvoir redire les noms, ont su concilier avec l'accomplissement de leur devoir profes-

---

1. Cité par Mgr Gerbet, évêque de Perpignan, *Œuvres pastorales*, t. I, p. 236.

sionnel, porté jusqu'à l'héroïsme, la pratique courageuse de leur foi et mériter qu'on dise d'eux comme d'un des plus grands capitaines du dix-septième siècle : « Alors même que M. de Turenne commande, il se regarde comme un soldat de Jésus-Christ. »[1]

A tous ces titres, mes chers Frères, nous sommes assurés d'être à l'unisson des sentiments qui animent nos armées de terre et de mer si nous traduisons par des actes de religion la reconnaissance patriotique dont nous leur sommes redevables.

En vertu d'un accord récemment intervenu entre Monseigneur l'évêque de Saint-Dié et le P. Joseph, c'est dans la basilique élevée à Domremy en l'honneur de Jeanne d'Arc, et par les soins des prêtres dévoués qui ont reçu mission de s'occuper parmi nous de l'œuvre de Notre-Dame-des-Armées[2], que seront célébrées les

---

1. Fléchier, *Oraison funèbre de Turenne.*
2. L'archiconfrérie de Notre-Dame-des-Armées érigée par Bref de S. S. le Pape Léon XIII, le 10 janvier 1879, est dirigée par les pères Eudistes. Elle a pour but d'obtenir par la puissante intercession de la sainte Vierge, la conservation de la foi et des mœurs et le renouvellement de la vie chrétienne dans l'armée. Le siège de l'archiconfrérie est établi à Versailles, impasse des Gendarmes, n° 4, avec une succursale à Domremy Vosges).

messes fondées à l'intention de nos soldats et de nos marins morts au service de la France.

Quelles providentielles coïncidences !

Il se fait en ce moment parmi nous un immense et magnifique effort pour mettre en relief les vertus surnaturelles de Jeanne d'Arc, et hâter l'heureux moment où nous pourrons l'invoquer publiquement avec sainte Geneviève et sainte Clotilde, comme une des patronnes de la France[1]. En vérité, il siéra bien à la vierge de Domremy d'abriter, dans l'église qui doit honorer le lieu de sa naissance, les prières faites pour les Français tombés sur les champs de bataille !

Quand on parle de Jeanne d'Arc à Orléans et à Rouen, il est juste d'insister sur ses exploits guerriers et sur l'héroïsme dont elle a fait preuve au milieu des combats, durant le cours de son procès, dans sa prison et jusqu'au milieu des flammés du bûcher.

Aujourd'hui, je veux surtout rappeler ses touchantes sollicitudes à l'égard de ceux qui marchaient à la suite de son étendard ; combien

1. A la suite de Mgr Dupanloup et de Mgr Coullié, évêques d'Orléans, tous les évêques de France et un grand nombre d'évêques des autres pays ont sollicité du Saint-Siège l'introduction de la cause de Jeanne d'Arc.

elle souhaitait de les voir, avant toute chose, obéir à la loi de Dieu, et quelle tendre et toute surnaturelle compassion lui inspirait la vivacité de sa foi pour le sort de ceux qui étaient frappés au milieu des sanglantes mêlées. Je me représente la joie toute céleste dont son âme est remplie en voyant se réaliser, après plus de quatre siècles et demi d'attente, le vœu qu'elle avait fait exprimer à Charles VII « d'ériger » des chapelles dans lesquelles on prierait pour » le salut de ceux qui ont péri dans la guerre. »[1]

O Jeanne, notre glorieuse et chère sœur, faites-vous auprès du Sauveur Jésus l'avocate de tous ces braves qui, à votre exemple, ont généreusement donné leur vie pour leur pays ! La France, à cette heure, prie pour que votre sainteté soit authentiquement reconnue par les jugements de l'Église. Priez de votre côté, pour que la France demeure fidèle aux engagements sacrés du baptême qu'elle a reçu dans la personne de Clovis en ce sanctuaire de Reims où il vous fut donné de porter votre bannière victorieuse ! Aidez-nous à nous débarrasser du virus irréligieux qui nous em-

---

1. Déposition du fr. Pasquerel, moine augustin, confesseur de Jeanne. *(Procès de réhabilitation)*. Quicherat t. III, p. 112.

pêche de recouvrer la plénitude de nos forces et retarde d'autant l'heure de notre complète résurrection ! Au plus intime de votre cœur si tendre, vous avez senti la grande pitié qui était au royaume de France, quand une partie de son territoire était occupée par l'étranger. Ayez compassion de celles de nos provinces qui souffrent de la même cruelle épreuve ! Écoutez leurs vœux et les nôtres ! Présentez-les à Celui dont nos Écritures nous disent que tour à tour « il châtie les nations et les rétablit dans leur première intégrité. »[1]

Puis, ô mes frères en Jésus-Christ et mes compatriotes, chrétiens et Français comme moi, mettons-nous tous, avec une indomptable énergie et une persévérance infatigable, à chercher par-dessus tout le royaume de Dieu et sa justice, afin de mériter le surcroît promis par Notre-Seigneur Jésus-Christ. Le surcroît, ah ! ce serait de voir la France, ramenée à ses anciennes frontières, se montrer plus que jamais, devant le monde entier, la fille vaillante, loyale et dévouée de la sainte Église ! Ainsi soit-il.

---

1. Qui perdit gentes et subversas in integrum restituit. Job xii. 23.

L'œuvre des Prières et des Tombes, fondée en 1871 par le R. P. Joseph, a été rattachée en 1889 au Comité catholique des œuvres militaires et de marins qui a pour président M. le vice-amiral Gicquel des Touches, et a son siège à Paris, 35, rue de Grenelle.

Les personnes qui voudraient concourir à cette œuvre toute catholique et française, sont priées d'adresser leurs offrandes à M. Hippolyte Salle, trésorier, à l'adresse ci-dessus indiquée.

La quête du sermon, prononcé à Saint-Augustin le 12 avril 1891, en faveur de l'œuvre des Prières et des Tombes, et pour l'achèvement de la basilique de Domrémy, a été faite par

S. A. R. la princesse Blanche D'ORLÉANS, 9, avenue Kléber ;

MM^{mes} Edgard BERTHE DE VILLERS, 17, rue François Ier ;

BUFFET, 2, rue Saint-Pétersbourg ;

CORNET-COURBET, à Abbeville ;

Paul DECAUX, 89, boulevard Montparnasse ;

MM^{mes} Edmond DOLFUS, née VERGÉ DU TAILLIS BURGHLIN, 2, rue Presbourg ;

ETCHEVERRY de FRÉJAN, 22, rue Matignon ;

l'amirale FOURICHON, 10, cité Vanneau ;

la générale GALINIER, 15, avenue de Villeneuve-l'Étang, Versailles ;

la générale comtesse de GESLIN, 26, rue des Bourdonnais, Versailles ;

l'amirale MAZÈRES, 40, rue de la Bienfaisance ;

la marquise de MORTEMART-ROCHECHOUART, 4, rue Chanaleilles ;

DE SAISSET, 44, avenue Victor-Hugo ;

la générale DE SONIS, 104, avenue Victor-Hugo.

Melun. — Dejussieu, Imp. de l'Évêché.

www.ingramcontent.com/pod-product-compliance
Lightning Source LLC
Chambersburg PA
CBHW071419030726
47594CB00006B/2493